Wächst die Welt aufs Neue hinaus

Gedichte

Hermann Josef Schmitz

Herstellung und Verlag: BoD – Books on Demand, Norderstedt.
ISBN 9 783746 093826

Bibliografische Information der Deutschen Nationalbibliothek

Die Deutsche Nationalbibliothek verzeichnet diese Publikation in der
Deutschen Nationalbibliografie; detaillierte bibliografische Daten sind im
Internet über www.dnb.de abrufbar.

Für Annemarie

Anfänge und Abschiede

das meer liegt glatt
wie unbeschrieben tiefes blau
der horizont verschwimmt
an einem schwarzen lippensaum
an dunklen ufern stehen türme
unbedrängt im wind
und senden die signale
bist du bereit
wir legen ab in diese glatte weite
nichts als den wind der uns begleitet
die eigenen gedanken
die zärtlichkeit
die unbedingte liebe
sind das was uns im herzen nährt
wir schauen weit und haben doch
nur unsere hände in der hand
welch schöne zeit
in der ein jahr sich neu beginnt
in der ein jahr den ersten augenblick berührt

Keine Vorsätze

die lichter werden dich führen
wenn du nicht schlafen kannst
die sterne werden wiederkommen
wenn der himmel ausgeweidet wurde
ich werde dich nach so vielen tagen
ohne mühe erkennen können
weil es keine karte zu lesen gilt
wenn ich den grund deiner liebe suche
werden die lichter mich zu dir führen
wenn ich nicht schlafen kann

auf den lippen
träumte das wort
und wuchs ins innere

was wären wir ohne angst im gepäck
gingen wir arglos durch die stunden
wäre der tag eine leichtigkeit
blieb uns keine herausforderung
wüchse aus mut auf keiner parzelle ein wort
so gehen wir mit der angst im gepäck
ein wildes tier im dickicht der verwachsenen unsicherheit
lauert das ungebändigte auge hinter dem lid
manchmal wächst es über den schlaf
der nicht kommen will

diese abschiede
in denen sich etwas lang zieht
in dieser unmittelbaren zeit danach
wenn alles nur gedehnt scheint
hätte ich mein herz am liebsten
bei dir zurück gelassen
damit wenigstens ein bisschen
von diesem rhythmus geblieben wäre

jemand hatte den parcours deines lebens abgesteckt
bewegungen und verläufe folgten festgelegten formaten
die wirklichkeit verschwamm
in einem sumpf aus willenlosem applaus
das geschriebene wort hatte den rückhalt verloren
und ein wolkenband zog beiläufig im regenzug vorbei
jemand hatte den parcours deines lebens abgesteckt
es war so einfach und es war so schwer aber es war möglich
deinem eigenen vorgehen zu folgen
und dich neu zu entscheiden

sich einmal am tag
wenigstens einmal am tag
auf die welt einlassen
auf ihre ungerechtigkeit einlassen
und dann etwas teilen
was sich teilen lässt
nicht aus prinzip
sondern aus dir selbst
etwas schenken
aus freude etwas verschenken
etwas sagen
was dir am herzen liegt
und platz in einem anderen herzen findet
um der ungerechtigkeit
für einen kleinen augenblick
einen haken zu verpassen
wenigstens einmal am tag

manchmal muss man
noch einmal zurück gehen
um den weg zu verstehen
der einen in die falsche richtung führte

Abschied

I

wenn du gegangen bist
halte ich den laut deiner tränen
in meinen händen
auf meiner schulter eine salzspur
und in der luft eine rauhe stelle
wenn du gegangen bist
mit schmerz hinter den augen

II

wenn du gegangen bist
schließe ich die fenster und türen
damit du noch einen augenblick bleiben kannst
dein duft ein nest zwischen den laken
der schwung deiner bewegung
wie eine unerwartete berührung
der glanz deiner augen
ein unbesehenes fenster

in den schlaflosen nächten
wenn die wandernden worte
kein ankommen ersehnen
halte ich die verunglückten sätze
irrenden fischen gleich
die seitwärts vergessen
in den schlaflosen nächten
wenn die träume nicht gelingen
die geliehene zeit
zu einem zähen verrinnen wird
halte ich die sehnsucht nach dir
wie eine aufkeimende blüte im herz

wir vertäuten die angst an land
und schlichen auf ein schiff ohne namen
die nacht trug den schnee wie ein vergangenes kleid
unter den wolken blieb ein unbeschwerter schatten
wir schrieben die koordinaten nie auf
die nacht schluckte alle abdrücke und verriet nichts
die stille dunkelheit hob das flattern des wassers auf
während der ankommende tag im warmen schoß schwieg
wir waren verbündete ohne zeit
und reisten in ein land ohne wiederkehr
die nacht besänftigte scheinbar die zukunft
blieb eine große ungewissheit wie eine schliere im blick

Erinnerungstage

die finger enden im gemisch der luft
streift die seele noch einmal über die bäume
der himmel trägt das dünne blau
von nacht zu nacht wie einen einsiedler
hinter den papiernen seiten liegen
die geschriebenen worte aus liebe und trauer
aufgezeichnete vermächtnisse an die vergänglichkeit
aufruf zum leben in die zukunft

zum Tode von Tomas Tranströmer

du wärest durch die jahre gegangen
und hättest dem tag
keine besondere bedeutung beigemessen
vielleicht wärest du am stoppelfeld stehengeblieben
hättest zwischen zwei zigaretten die luft eingezogen
den geruch geschnittenen weizens
und hättest dich erinnert an all die heißen sommer
in denen es deine ernte gewesen war
hättest deine hände betrachtet
über die unrasierte gesichtshaut gestrichen
und wärest zurückgegangen
der verstorbenen katze wäre eine neue nachgefolgt
auch sie wäre um deine beine gestrichen
und in ihrem fell hätte sich
der geruch geschnittenen weizens
mit dem stoff der zerschlissenen hose vermischt
dann wärest du stehengeblieben
eine neue zigarette im mundwinkel
und hättest den tag wortlos ins dunkel gleiten lassen

Octo

ich will nicht sicher werden
dem wunder diesem wunder dir will ich
mit jedem neuen tag die hand hinhalten
ich will den dingen auf den grund gehen
wenn es sich anzuhalten lohnt
will ich mit dir genießen
ich will mit dir den neuen tag beginnen
dem leisen schritt in unberührte weite gleich
will ich dich halten mit allem was du bist
und will dich doch so lassen wie du leben willst
ich will nicht sicher werden
den grund berühren neu im wiederholten mal
will ich auch dann von neuem anbeginnen
wenn ich mir deiner liebe sicher wäre

Strömen

dieses gegenseitige versprechen
unter dem sich verändernden liebeswort
ein unaufhörlicher fluss
durch die helle der tage
und die dunkelheit zwischen den sonnen
dieses strömen der bewegungen
zwischen hautmündungen und ufern
immer wieder dieses unberührte
das sich über die vermächtnisse legt
dieses gegenseitige versprechen
unter dem bleibenden himmel
dort wo das wort einen hafen aus zuversicht hat
über der blühenden und wachsenden erde
dieses verwurzeln der herzen im gefüge der zeit
zwischen erfüllung und vergänglichkeit
dieses strömen des flusses
vom anbeginn einer neuen ägide
dieses unaufhörliche strömen des flusses

für Maria und Daniel

auch im neuen jahr

einen garten anlegen

für jeden tag

dem wachsen zusehen

in aller stille

worte ernten

eine rose

und eine nebelblume schneiden

im sommer und winter

auch im neuen jahr

einen garten anlegen

für jeden tag

dem reifen zusehen

in großem licht

gläser füllen

dem lachen der kinder folgen

und leise den blick schweifen

wenn schatten zur dämmerung gleiten

auch im neuen jahr

einen garten anlegen

für jeden tag im jetzt

nicht auf morgen warten

einzig bleiben im wachsen

einzig bleiben im jetzt

für K.

viele jahre nach der zeit deines lebens
hätte ich dir mehr geheimnisse gewünscht
eine zeit die nur dir hätte gehören dürfen
für wimpern die deinen tränen ein ufer gewesen wären
den zuspruch klarer nächte ohne erklärungsversuche
ohne sorge für die anderen und ohne suche nach licht
einmal die narben großer und kleiner
kriege vernachlässigend
nein vergessend und die zeit nur für dich
wie ein geheimnis haltbar bleibt hättest du wissen wollen
eines nur für dich ohne ein wort
des verzagens und des verzeihens
und wenn nur des verzeihens gegenüber dir selbst
ohne ein hadern ohne ein liebloses antworten
ein herz das durch die stunde dringen und bleiben würde
bis zum blühen des reifenden sommers
der wie ein großes geheimnis wie ein großes glück
in einer nacht in der du
den blühenden traum angetrieben hättest

Auf das was werden will

worte auf lippen formen wie landschaften
schreiben meere aufschlagen zu offenen kapiteln
glaswellen formen von hafen zu hafen
reisen wie von tagen zu tagen
worte auf blätter schreiben
vom leben nichts mehr verlangen
als immer zu dir selbst zurückkehren zu können
aus deinen herzschlägen wohnungen anlegen
für heimatplätze zum besinnen
im blütenzimmer hautwurzeln treiben lassen
lustvolle gedanken in verwilderten luftgärten
wie eine annäherung an dich selbst
aufgehoben wissen von der liebe im gegensatz
wieder beginnen umschläge öffnen
ohne übergänge dem neuen begegnen
der minute und stunde dem tag und dem jahr
sich unerkannt anfreunden
mit dem vertrauten und unbekannten
der liebe hingeben wie dem geheimnis
gewachsener wälder vertrauen wollen
auf das was werden will

Brandzeichen

in den fiebrigen nächten
wenn der schlaf zu einer bleiernen atemfolge geworden war
schlugen sie mit ihrem eingeschliffenen leben
an die kalten wände
in ihren träumen schrieben sie litaneien des unrechts
aus blutleeren gedanken nährten sie brandzeichen
die ihnen vorgelebten wahrheiten und werte hatten sie
in die flucht geschlagen
ihre neuen wörter waren abgerichtete tiere des zorns
(hätte man sie nach ihrem ursprung gefragt
sie hätten es nicht mehr gewusst)
längst hatten sie die welt ihrer geburt verlassen
bestellten drohungen und konsequenzen wie waren
ihre brandzeichen schlugen tötend in den städten ein
in den fiebrigen nächten
brannten ihre seelen wie trockenes zerknittertes papier

die geordneten städte
leben im wildwuchs der stumpfen worte
hinter den türen der geradlinigen häuser
haben sie das leben stillgelegt
die zärtlichkeit der menschen
ist längst auf die falsche bahn geraten
nur die planer der geordneten städte
bleiben verliebt in der lüge

sie tragen den zorn wie einen fötus
von tag zu tag durch ihr leben
sie nähren die gelegenheiten
mit dem eingegrenzten blick
über ihre meere der wut kommen die schiffe
und bleiben mit den geschliffenen ankern
unberechenbar im strudel der wind
morgen werden sie aufbrechen oder schweigen
bis zur nächsten gelegenheit

ich misstraute dem engen horizont
wir hatten unsere eigene zeit
fremden herren in die hände gegeben
sie führten papierkriege
suchten täglich neue schuldige
für ihre eigenen verfehlungen
ihre zumutungen waren ein sturmläuten
ich misstraute diesem engen horizont
es musste noch eine weite dahinter geben

unerkannt schreiben
die brandstifter sätze
voller hass und ohne unterlass
wuchern ihre worte
gehen viel zu weit
ihr zorn kennt keine grenzen
unerkannt schreiben sie
unvergessen wird mancher brandsatz bleiben
und wenn auch alle bilder
auf den schirmen längst erloschen sind
sie bleiben wach und ihre brandsätze
treiben als stille glut unter die stirn

sie hatten die städte
für ihre veralteten rituale gewählt
sie hatten wände beschriftet
plakate wie menetekel in ihren eigenen himmel gehoben
sie hatten wahrheiten verdoppelt
wie manipuliertes saatgut
sie hatten die menschen längst übersehen
für die sie sich verantworten wollten
sie hatten die städte
mit ihren falschen sätzen gebrandmarkt
sie hatten nichts gelernt
aus ihrer eigenen vergangenheit

die städte waren
zu gestrandeten schiffen geworden
sie atmeten schwer
in den straßen
niemand musste mehr
anker werfen
die matrosen ohne aussicht
waren betrunken
luftfische nagten
die schlaffen segel zu fetzen
mitunter in den nächten
ächzten die investoren unter deck
wenn sie neue strategien erdachten
die niemandem nutzten
außer ihnen selbst
und doch ging kaum jemand
von bord
sondern gab sich
der vermeintlichen sehnsucht
nach der weite des meeres
hin

die schwarzfahrer
der unanständigen gesellschaft
senden unentwegt grüße
ohne worte füllen sie
die zwischenzeilen
die schwarzmaler
der unanständigen gesellschaft
bereiten die spaliere
ohne schlechtes gewissen
an den untergängen der zeit

sie trägt die lebenslügen
in schalldichten herzkammern
längst hat sie ihre ungelebten träume
in dunklen katakomben versiegelt
täglich übt sie sich
in generalproben für ein unklares leben
an den rändern der wahrheit
wechselt sie die richtung

es war immer der rand des lebens
der für uns gar nicht fassbare
ausgefranste rand ihres lebens
in dessen schatten sie sich
ohne identität bewegten
es waren immer
die dunklen verliese und katakomben
die ihnen geblieben waren
dort falteten sie die zeit
in kleine tüten
um in ihr aushalten zu können
es war immer die hoffnung
die sie vorantrieb
die sie nichts unversucht ließ
als wegzukommen
von diesem rand
an dem ihr leben permanent wankte
es war immer die sehnsucht
von einem leben
in dem sich die lügen verloren hatten
und jeder neu aufgefaltete tag
einen rand hatte
der keine erbschrift der vergangenheit trug
es waren immer die raunenden flüsterer
die blieben
als sie längst gegangen waren

wir haben uns eingerichtet
die tage zerfleddern unbeachtet
im geflecht der bestimmungen
jemand legt richtungen ins leere
ahnungslos gehen die erfüllungen voran
wir glauben den schlagzeilen
sie geben uns scheinbare ruhe
jemand zieht im verdeckten fäden
aber wir haben uns eingerichtet

immer nur im ungefähren bleiben wollen

unverbindlich werden wenn es verbindlich sein soll

lichtlosen sternen mehr raum geben

als einem bittenden angesicht

sich nichts vorwerfen wollen weil man nichts gemacht hat

die eigene herzhöhe so wenig kennen

wie das tal der gefallenen

am sichersten sein in der stillen und kleinen behausung

tagehäuser aus gipsfassaden
abgewohnte brüchige lügen
im fassungslosen wolkengeviert
späte erkenntnisse
hinter der wahrheitsgrenze
wir verheddern uns
in gedankenschleifen aus zukunft
wie schließen andere aus
wie ungezähmte tiere
und haben keinen anker
aus gegenwart

Unerwünscht

das bessere ist immer
noch nicht gut genug
unablässig importieren
sie unnützes
unverändert erhöhen
sie das tempo
unaufhörlich verdichten
sie ihre ansprüche
an dich und an mich

im saal der erschöpften
waren sie gelandet
längst hatten sie vor lauter müdigkeit
ihre eigene meinung vergessen
die zeit in der warteschleife
war ein verwundetes tier
draußen predigten die privilegierten
von ungewöhnlichen störfällen
aus einer lüge entzündeten sich falsche hoffnungen
einer dehnte die wahrheit bis zum blutenden schmerz
im saal der erschöpften
hatte jemand ihre fahnen ausradiert

Ortswechsel

Tahiche

den farben mehr aufmerksamkeit schenken wenn sie
scheinbar verschwunden ein schwarzer ton ist zwischen
schatten und licht im regen ein anderes schwarz die dunklen
bilder als würden sie sich einfügen in die landschaft fügen sie
sich in eine vergangenheit mit einem plötzlichen ende im
kreisel das komplexe spiel des windes und dort der tradition
wie selbstlos verpflichtet später zurück und die
vergangenheit eine frische wunde in der das streben um
erhalt dieses mühen lohn blieb während die wunde sich
schloss das feuer lebt weiter in den bildern das wasser bleibt
kostbar nur ein unbedachter kommentar stört die andacht
dieses raumes der aus feuer und luft entstand einzig die
spuren ein gefügter garten palmen kakteen leise schritte auf
schwarzem luftkies ein großes werk in allem bleibt das und
ein name unveränderlich kraftvoll und wirkend césar
manrique

Haría

darf man die persönlichen räume durch fremde augen
berühren lassen wenn die seele noch in den palmengärten
wandert am rande des vulkans hier könnte der kleine prinz
wohnen die seiten verwittern nur in den geschlossenen
dosen bleibt der geruch der angenäherten farben ein blau
fügt sich als kleiner stein vom himmel in die dunklen spalten
die räume atmen weiter ihre bücher ihre lichter zwischen
bändern frau baker ein könig eine königin die schlafstatt
refugium der nacht und dazwischen irderne weite eine
sehnsucht diese endlichkeit bis zum rande zu füllen der seele
ein haus zu bauen mit lichten höfen leisen wasserbahnen
und immer den mahnenden ruf auf den lippen verwurzelt

Schloss Jegenstorf – Orangerie
- kurz vor dem Frühling -
Impressionen aus dem Welttag der Poesie

schwung ist ein leises lächeln ein lippenbekenntnis ein erster
lichtschimmer aus grünem versprechen über die
langgezogenen gläser wandern wolken regentropfen ein
flackernder schatten dahinter leise und laute worte
berührungen augenbrücken ein innegehaltener kuss und das
staunen zwischen den sätzen lichtfänger im aufkommenden
geäst schwung ist eine handbewegung ein willkommen ein
satz ohne verstellung und die verzierung der fassung so
wandert die bewegung über die zeit bleibt steht fest hält sich
entkommt in eine neue bewegung in einer wolke aus wörtern
entferne ich mich zu dir und bleibe momentlang in einer
eigenen stille im geflecht deiner hände im geflecht deiner iris
im gefieder deiner lippen

Kopenhagen

① das grandhotel ist leise grau geworden nur in den
fensterspiegeln bleibt der glanz des hellen morgens am
weiten rand der stadt hat einer seine ideale aufgenommen in
große sälen dort atmen bilder einen unbekannten duft es
bleiben widersprüche dort und in einem selbst sie wollen
ohne antwort bestehen ein anderer lebt auch im widerstand
in einem fort was sich in ihm an vorsatz türmt dann treiben
linien dem verstreunten wind bleibt nichts

② fremde zeichen ein weicher klang in den zeilen
wasserstraßen ein spiel von glas beton in einem fort wie
aufgezogen in linien gesät und hinter dieser jener anderer
mauer ein schon geformtes astwerk aus licht und klang wie
die begegnung mit einem neuen tag ich treibe mit dir an
wassern entlang in den wolkengesichtern grauer schorf ein
vergessenes gedicht gegen die strömung ein
regentropfenbeet in diesem fahren blankes glitzern im visier
deines blickes und eine hand in die ich mich lege

③ auf dem weg hin und wieder geordnete wälder ein
scheitern im wurzeln an anderen stellen bruchholz wie
installationen zwischen den mageren stelen treiben
sternmilchstraßen flussaufwärts wie viele jahre zu den hügeln
eine einzige erleuchtung vorboten aufgrünender zeit

④ louisiana welch fremder begriff und dann nichts weiter als ein überfluss ein uns sättigender überfluss mitten in einem vereinten garten voller bewegung stille freude und weite bilder sagen aufs neue geschichten saugen sich ein saugen mich ein verraten nichts und erzählen alles in den veränderungen über die zahl der jahre schwebt ein lichtgewebe ein leichter luftfaden und die großen dialoge verstummen vor demut einmal fangen dich die sehenden auf den bildern ein anderes mal suche ich vergeblich nach einer weiteren botschaft so bleibt das spiel über die nacht hinaus eingefügt in das endlose buch aus schatten und luft

⑤ die schienen formen den rhythmus und mein vermächtnis aus diesem tag ist mein geschenk an dich

Weststrand

① ich würde gerne hinter die dinge schauen wären sie
greifbar so bleiben die sichtbaren ereignisse stellenweise
schauspiele ein angeschmiegter luftzug der nicht endet und
den worten ihre konturen nimmt geschmirgelte
baumknochen dieses fremde weiß das sich anfühlt wie eine
kaltgewordene haut und meine hand die über dein
schweigen streichelt

② ankommendes wasser und meine augen die zwischen
gebrochenen federn ankern nach einer ungemessenen zeit
erkennst du die ungleichheit der luft ihre unterschiedlichen
gerüche wenn der wind sie aufraspelt und die zwischen den
bäumen neuen schwung fasst immer im jetzt ohne ein haus
das sie birgt

③ kaum fassbar das flüchtige licht auf den wellen die sich
nicht gleichen licht das wie graues porzellan in dieser wilden
luft klirrt morgen werden sich formen verändert haben
morgen wenn die schatten in der mittagszeit verbluten

④ ungestüme sätze aus licht legen möwen ihre vergängliche
spur in die luft

Ahrenshoop

vom sturm geschlagene bäume dieses ende ein holzschnitt
und viele varianten das paradies ist ein blauer mond und
vom übrigen weiß bleibt ein schicksal das im suizid endet
grazien hier mit ecken und kanten dann wieder rund und
verführerinnen als ob es kein morgen gäbe zwischen orff und
rinser ein ungekanntes verhängnis und bald versteigern sie
ascona wenn du das liest wie geduldig der käpten wartete
bis das licht und die luft und das wasser sich fügten wenn
der schnee sich auf die lippen legte ohne das eine zunge
angeklopft hätte

Nahes und weites Licht

wir schabten die schatten
aus den falten der luftwürfe
wie eine wiederkehrende welle
überschlugen schnelle herzschläge
hinter den zäunen aus gefundenem licht
schmuggelte einer die zeit davon
und schenkte dem vergessen ein zuhause

ich sehne mich nach den blassen sternen
diesen schüchternen ansammlungen
in den adoleszenten wäldern
ich warte tag für tag auf ihren aufgang
wenn sie sich aus den schößen des winters erheben
ich bin in jedem jahr sprachlos vor glück
wenn sie aufgehen unter dem bleichen blau
eines erschrockenen himmels

Aprilwald

I

vor den toren
blühen apfelbaumstädte
für eine vorübergehende zeit

II

jetzt endet der blick
vor dem aufstieg
eine ungezähmte sammlung
aufgebrochener blätter
sie schütteln sich noch
wenn im vorübergehen
ein regenschauer anhält

III

diesen weg wollte ich teilen
diesen weg über den sich die wälder stülpen
in einem unbekümmerten hellen grün
wollte ich diesen weg teilen mit dir

IV

über den blattziegeln
bleibt der himmel das flussbett der sterne

V

unsichtbar werden
wie ein aufgelöstes licht
unter dem gleißenden blau

hinter dem wimpernwald
nicht lüge nicht wahrheit
schnürt jemand die bilder auf
verschmähtes licht
wartet vergehend
am stillen fenster
die katze legt
eine ahnungslose spur
in das dunkle auge
deine hand zuckt
wenn sie meinen blick
nicht erwartet hat
dann legt sich
der bilderwald ausgehungert
in das müde morgenmoos

Pfingsten

eine kleine wolkenherde
zieht am windigen himmel vorbei
die pfingstrosen sollen erst blühen
wenn ich wieder zuhause bin
ich würde sie so gerne betrachten
wenn sie sich im warmen licht öffneten
würde ihre farbe und ihrer blüten form
in einem luftigen kuvert mitnehmen
und ihren duft im rucksack
meiner vorübergehenden reise
denn wann wüsste ich schon
ob sie im nächsten jahr
wieder blühten wieder für uns

die ungezähmte fülle
der gräser blätter und blüten
fängt mich auf und lässt mich verschwinden
ich gewöhne mich wieder
an das vergängliche flattern der leichten flügel
wenn der regen in den blüten gewildert hat
wenn der schwere duft des holunders
nachhängt wie das flattergeräusch einer flagge
ich gewöhne mich wieder
an das schwingen des körpers beim laufen
ein bewegen im rhythmus des lichtes
währenddessen liegst du im augenraum
verwöhnt von all den farben
den blüten dem wasser dem üppigen licht
und die freude zerfließt beim anblick
der vergehenden zeit
wächst die welt aufs neue hinaus

während du schliefst

pflückte ich

das springen der stromschnellen

barg den

schatten der mächtigen bäume

legte das

flattern der lungen zur seite

vergaß die

sorgen aus ungeschriebenen worten

während du schliefst

trug ich unser versprechen näher bei mir

in den wäldern der frühe
lagen die letzten träume
wie wundmale
einer geschändeten haut
dein müder blick
haftete lange an den wegen
und kannte keine weite
schatten retteten sich ins dickicht
als der ankommende tag
am horizont sein gesicht entfachte
vergebens suchtest du
eine aufgeweitete atemlinie
roh war dieses erste licht
und schürfte noch über die flatternden felder

lichtplanen
über den schütteren geflechten
löst sich sommerschorf
schmirgeln blätter
die blasser werdende luft
unter der rettenden haut
suchen die wörter
der stillgelegten sprache
lippen aus zuversicht

die dünnen halme wiegen schwer
und an den ästen hängen dunkle früchte
das licht des morgens hat noch eine letzte scheu
und während schatten tiefer liegen auf dem reifen grün
verschwenden reife rosen sich auf stillen wassern
dann geht der tag auf eine hohe sommerreise
mit einem hauch von wehmut in den ersten worten
und legt ein räuspern in die glatte luft

Herzblüten

unerwartet kam die stille
durch das geäst deiner finger
im dickicht deiner lippen
verlor ich die spur des geordneten morgens
du wölbtest die luft wie einen schirm
über die bedenklichen nachrichten
hinter deinen augen lagen unausgesprochen
worte aus verlangen und sehnsucht
so verging ich inmitten deiner stille
am rand voller licht

wir trugen die erinnerung als kassiber
in die gewohnte welt
auf der haut behielten wir das licht der südlichen tage
über sein bestehen hinaus
spannten wir den zerfließenden himmel
wie einen filter über unsere augen
wir trugen den erregten herzschlag
von stunde zu stunde
und hielten den flügge gewordenen vogel
ein letztes mal in unseren warmen händen

ufern will ich mit dir
am ungefähren fluss
die träume abstreifen
wie eine müde haut
ufern will ich mit dir
im stillen dunkelzimmer
den atem beruhigen
und das flackernde herz

Gegensatz und Zuversicht

die gegensätze wohnen
hinter deinen augen
und lieben tust du
ohne unterlass und ohne grund
in deinen händen
liegt die zärtlichkeit
wie schein von hellen sonnenflügeln
und bei dir blüht
auch müde haut im dunklen raum
wenn du es willst
dann wird dein herz
ein weites meer
wenn du es willst
dann wächst in einem menschengarten
die blume zuversicht in allen farben

Immer wieder im Juli

und immer wieder im juli
wächst die landschaft
dieses einen sommertages
in mein fenster
die zeit ist genau dort
reif geworden
eine brücke zu bauen
aus ungesprochenen worten
die hinter der zusage stehen
die zeit aus licht und ernte
deren hände ein versprechen sind
ist etwas viel tiefer liegendes
als die erinnerung
in der sich gesprochene worte
verflüchtigt haben
die festgehaltenen fotografien
nur den moment bändigen
und immer wieder im juli
wächst unser vermächtnis
zu einem gemeinsamen lebensraum
begegnen sich aufs neue
licht und licht im reifenden sommer
und die landschaft der kommenden zeit
bleibt im aufbruch und werden
bleibt im wachsen der liebe
unaufhörlich leise und ungewiss

Hingabe

die stimmen blieben geborgen
in dieser unsicheren zeit
wagte mein auge einen halt
an deiner stillen schulter lag ich
müdigkeit in der brust
und eine luftrose blühte
im blattleeren baum

manchmal waren deine augen
wie die stille einer geborgten landschaft
manchmal waren deine hände
wie das zärtliche glas eines sommerregens
manchmal war dein schoß
wie das leise ufer eines weiten meeres
manchmal schlug dein herz
wie ein aufgebrachter feuerschlag
später würdest du
eine stille wolke werden

meine hungrigen lippen
zogen über das land
fiebernd legten sie blüten auf
nahmen den worten den atem
schlossen und öffneten ufer
während hinter dem grauen fenster
einer lichtgarben schnitt
wohnten meine hungrigen lippen
in allen kammern deiner haut

ich hüte deine worte
wie die herzblüte hinter meinem auge